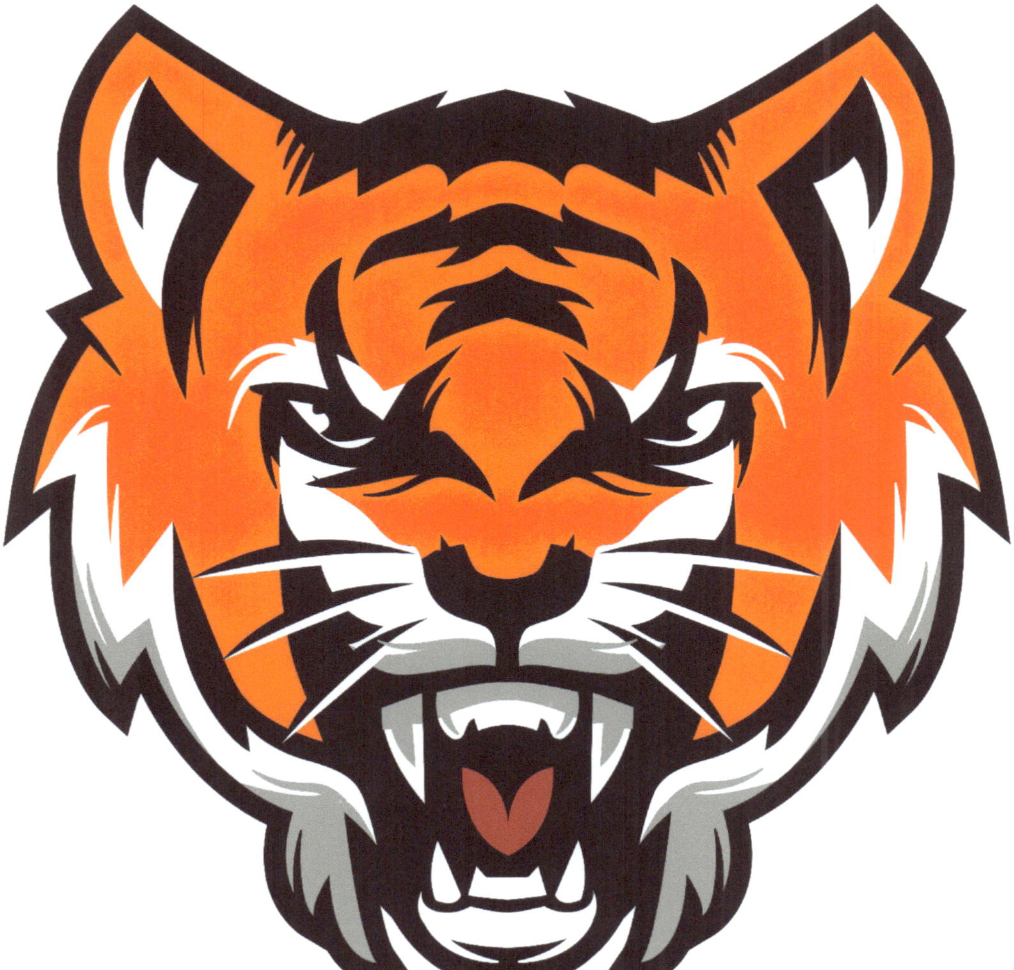

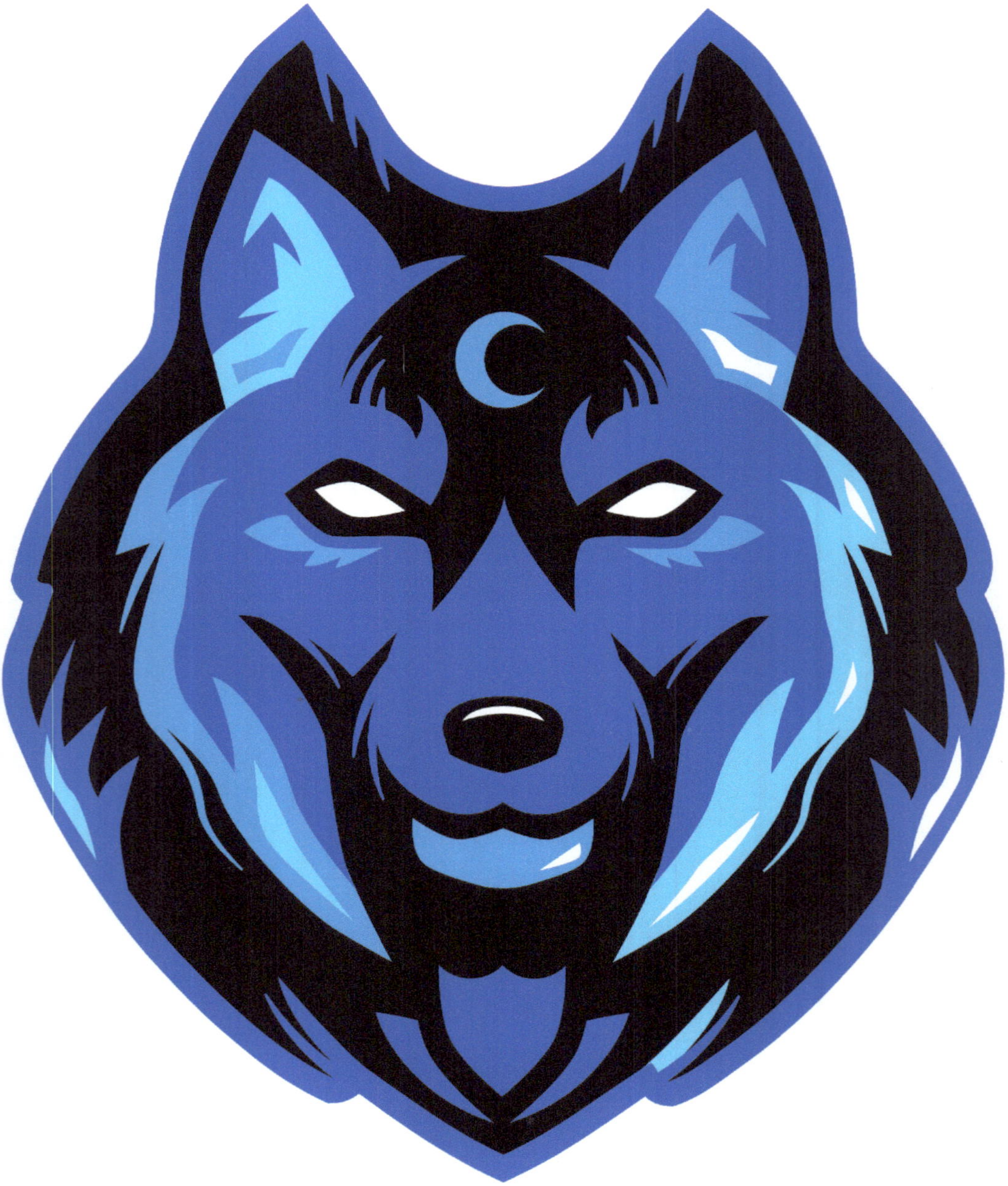

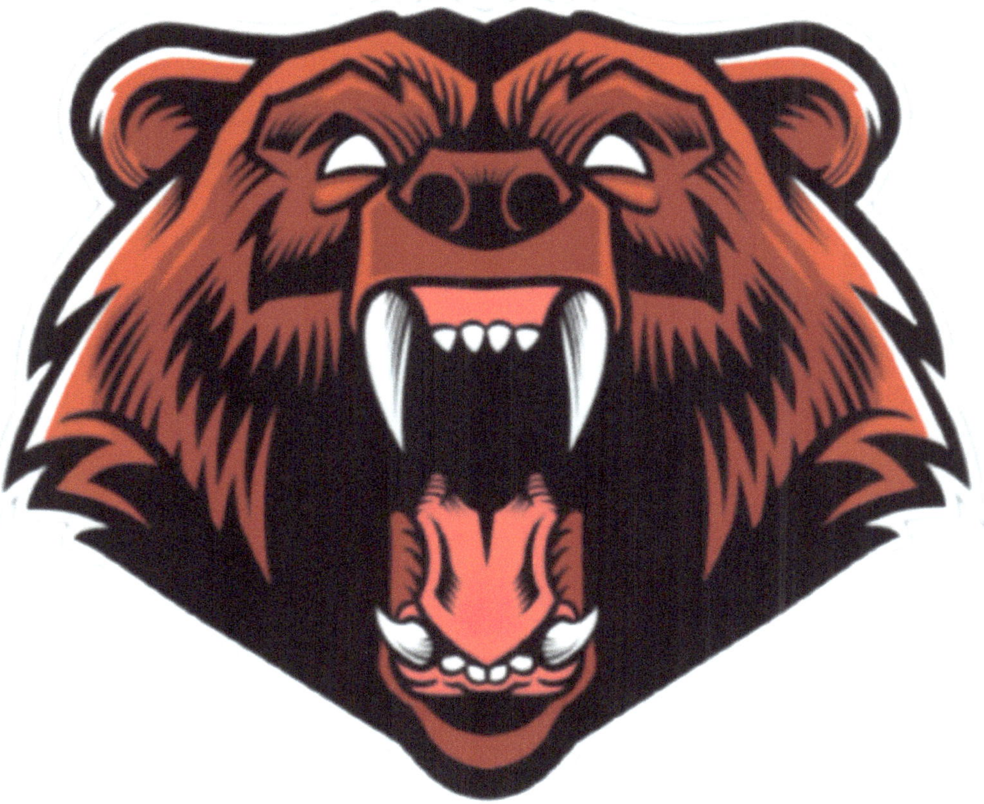

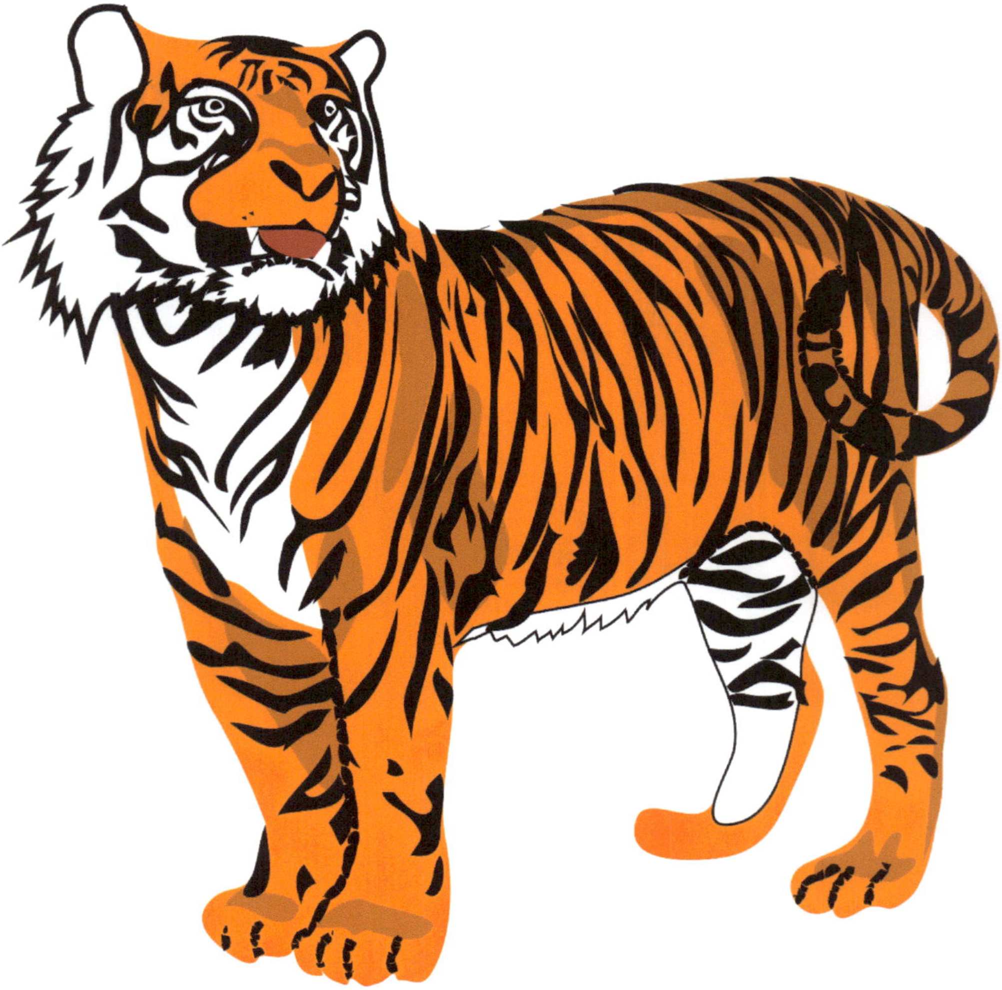

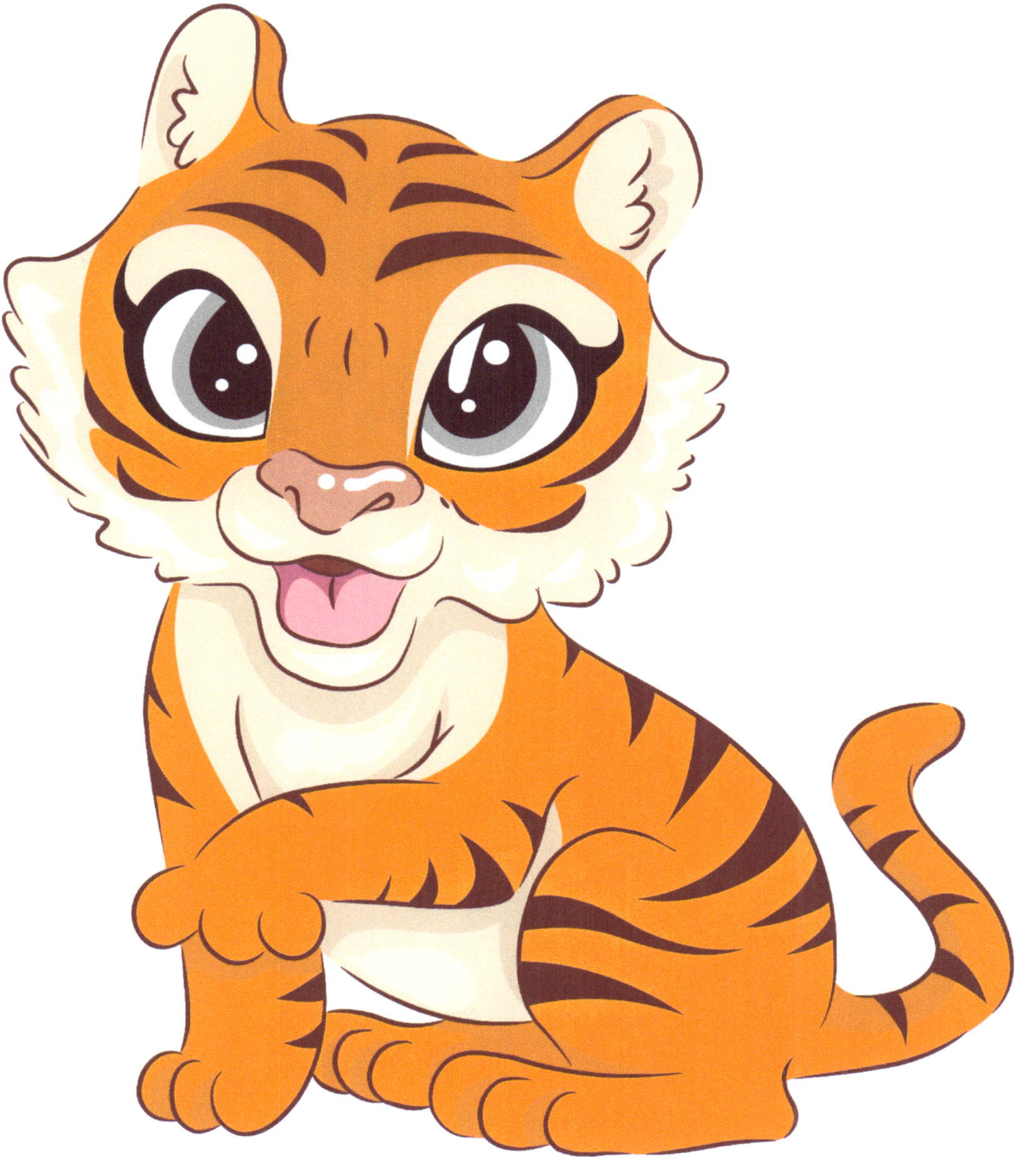

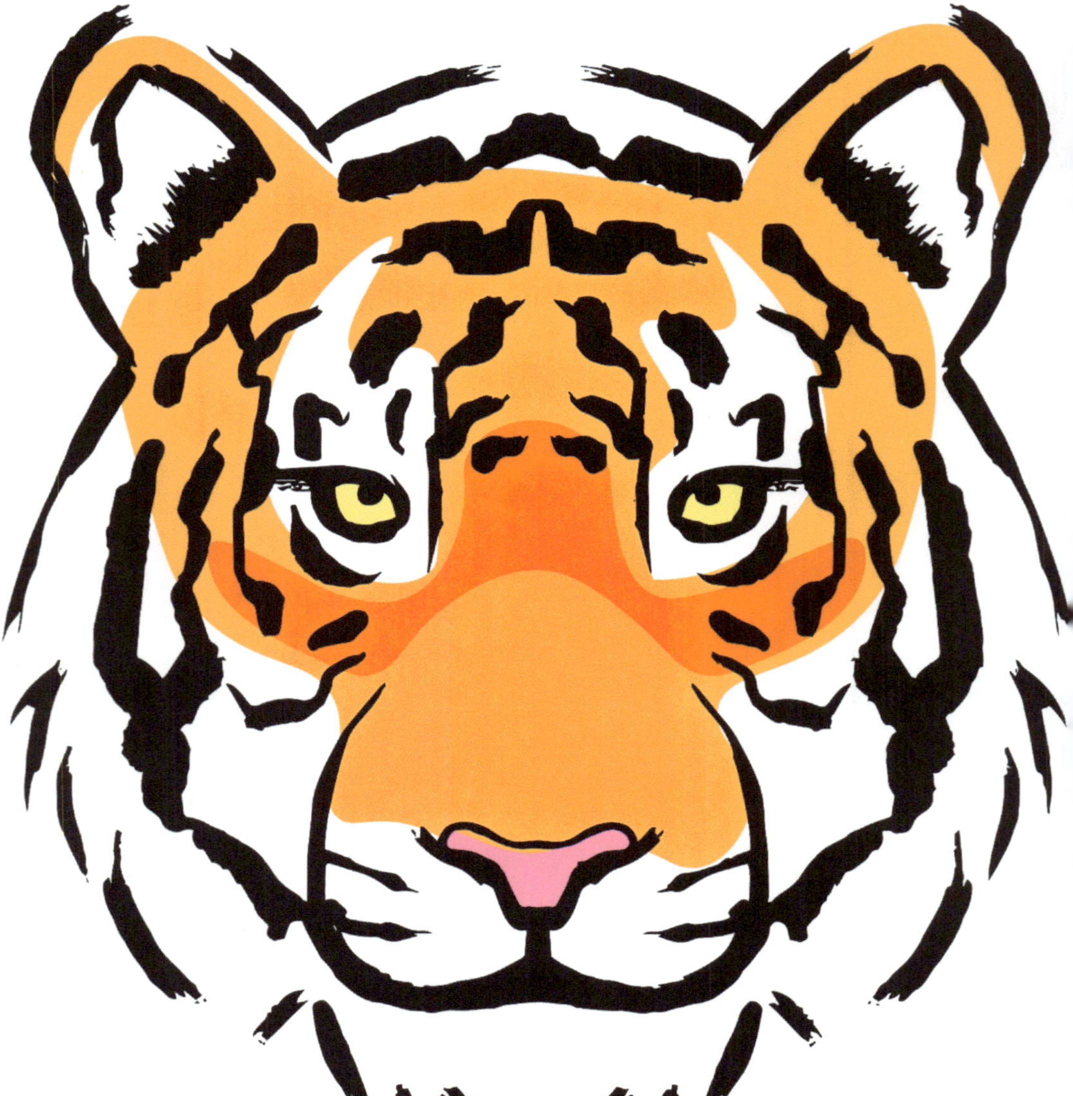

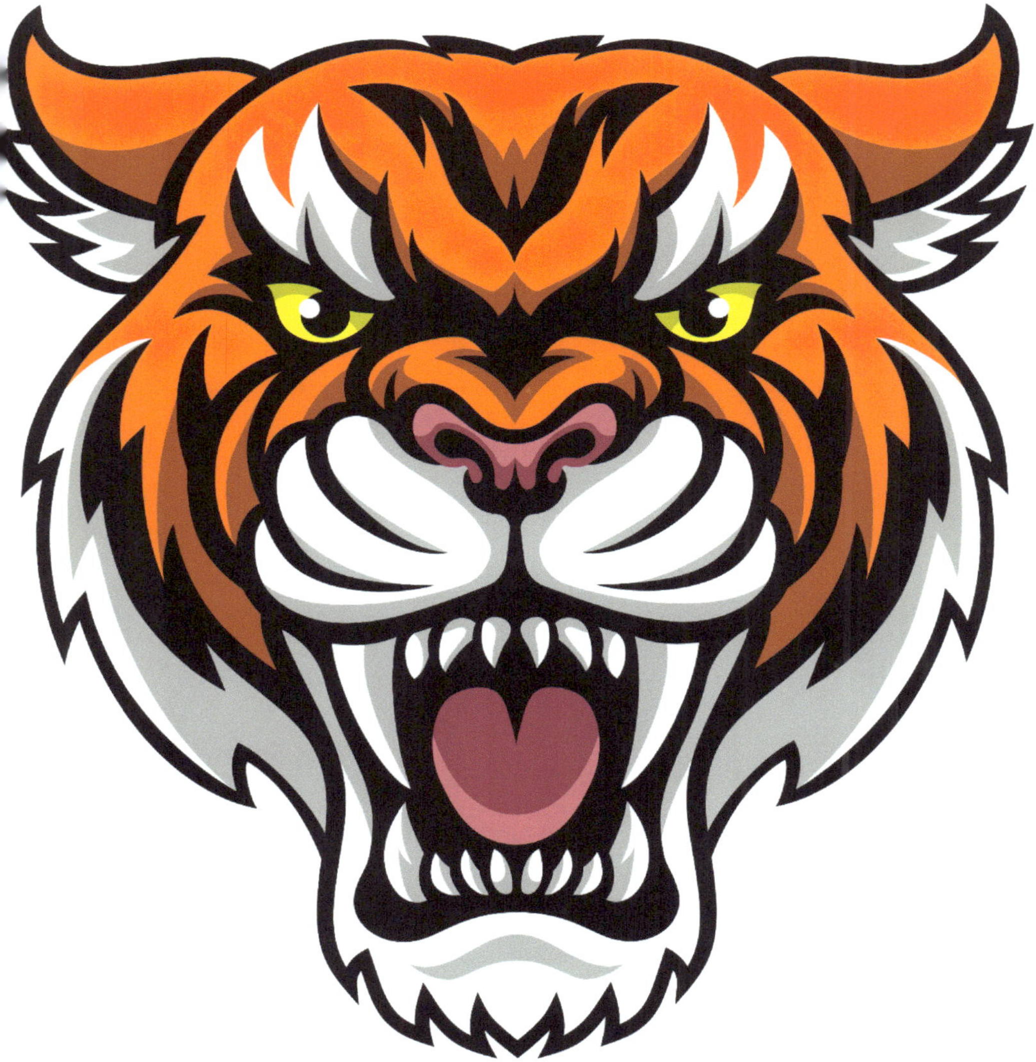

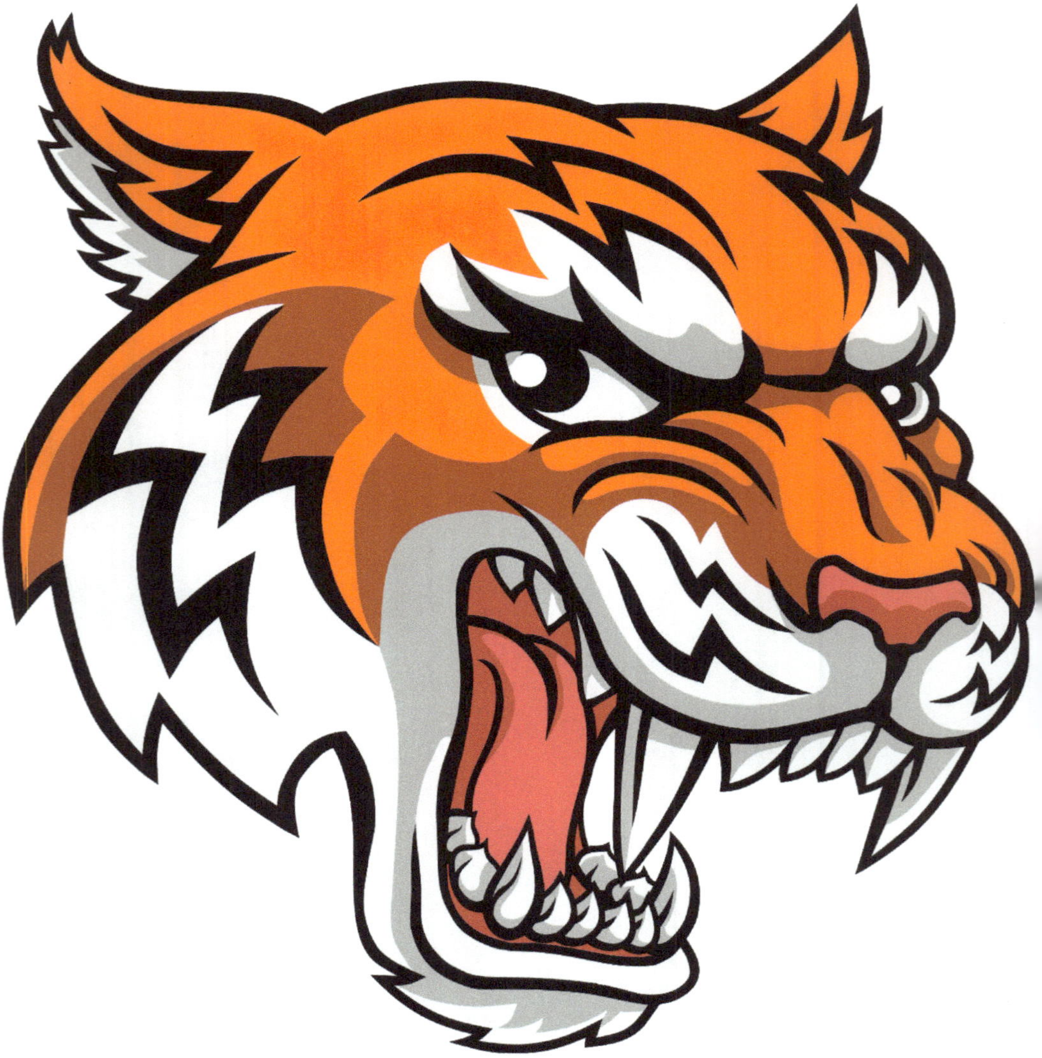

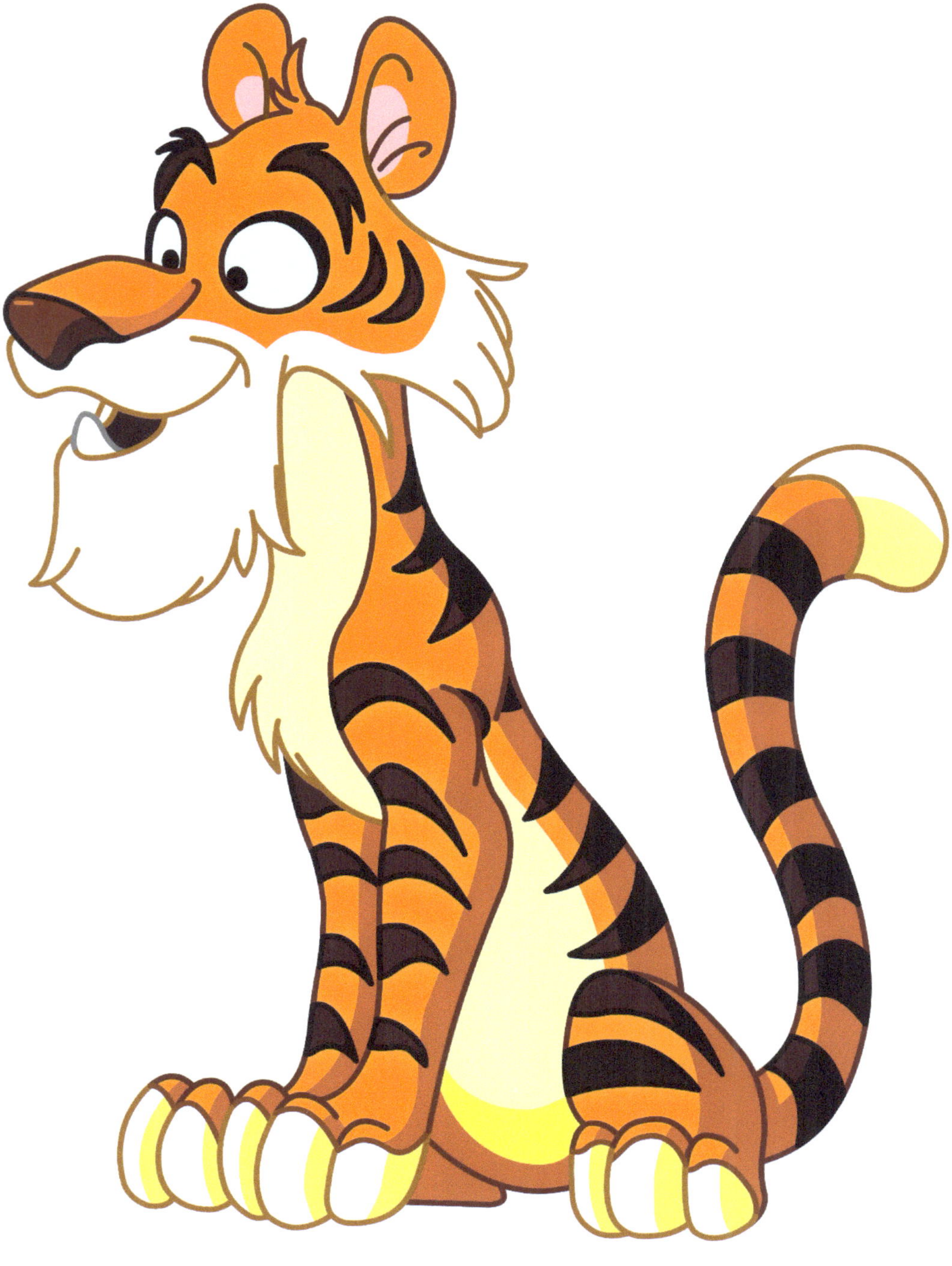

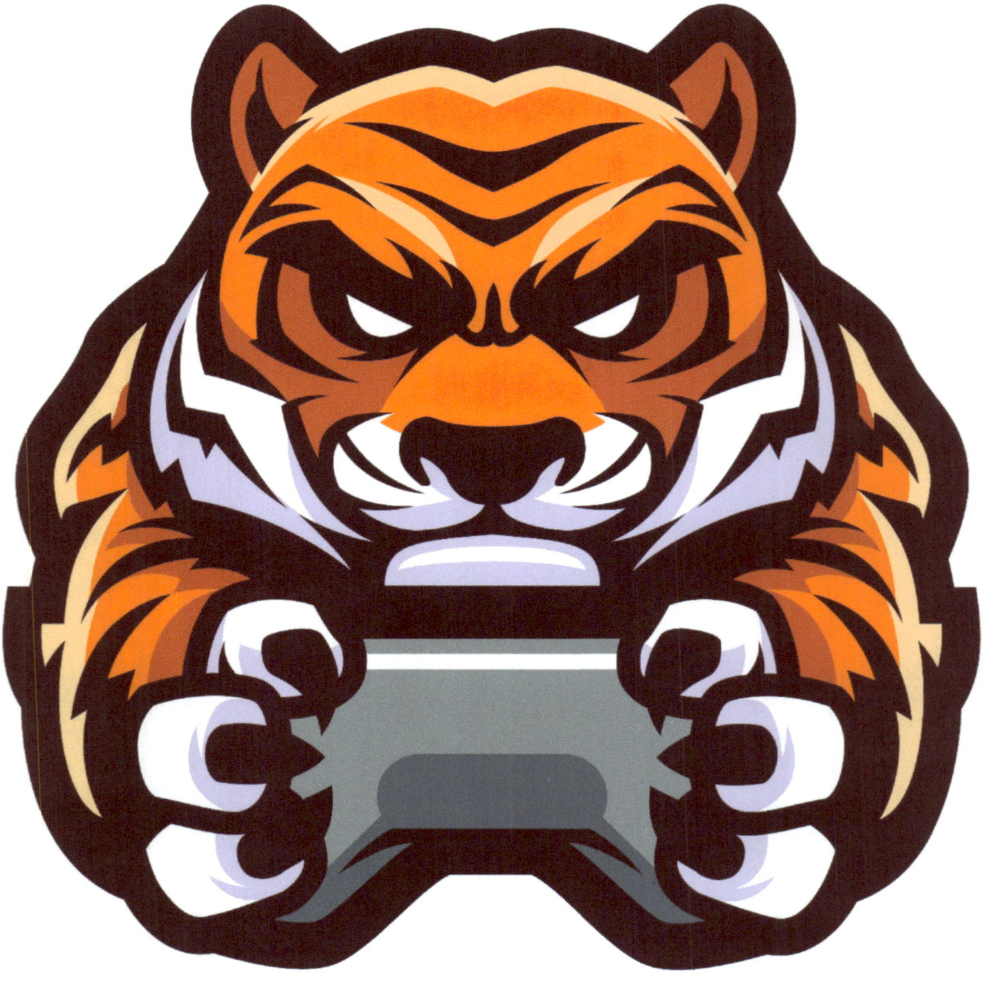

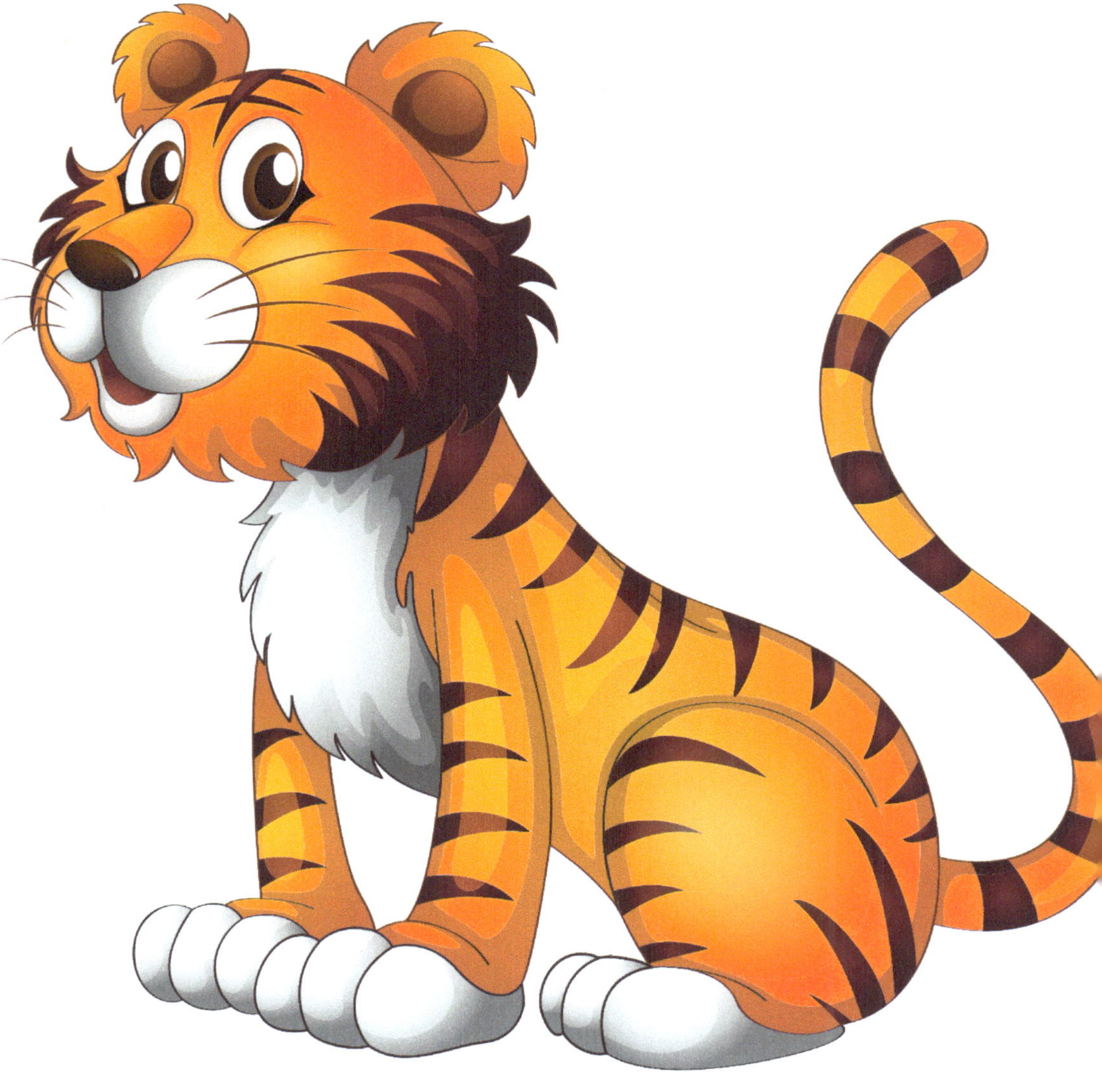

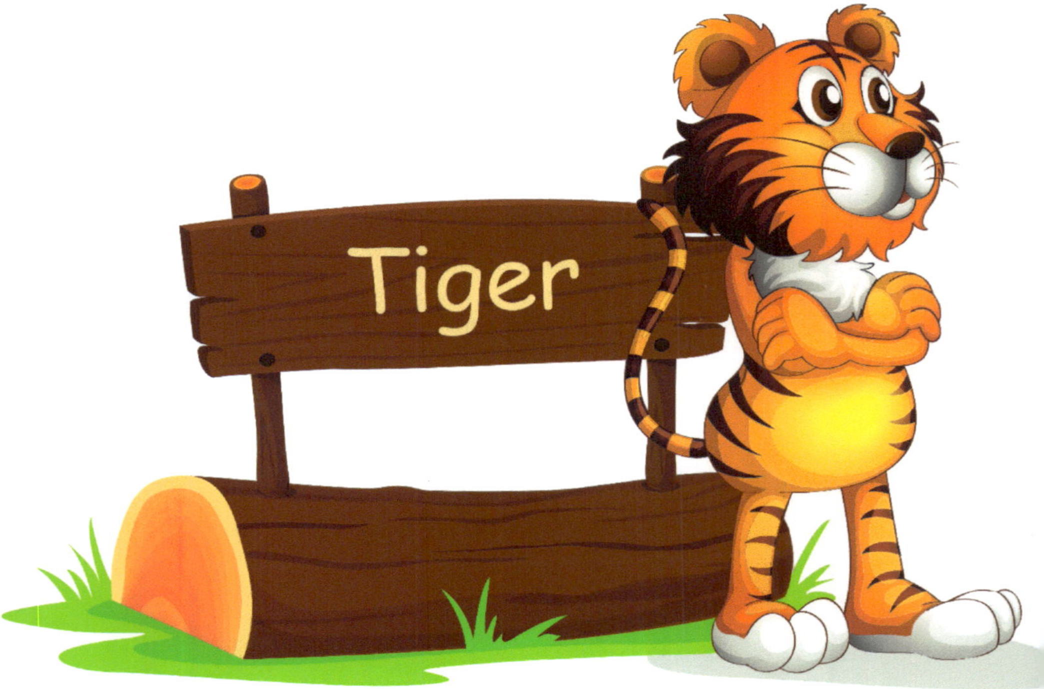
Tiger

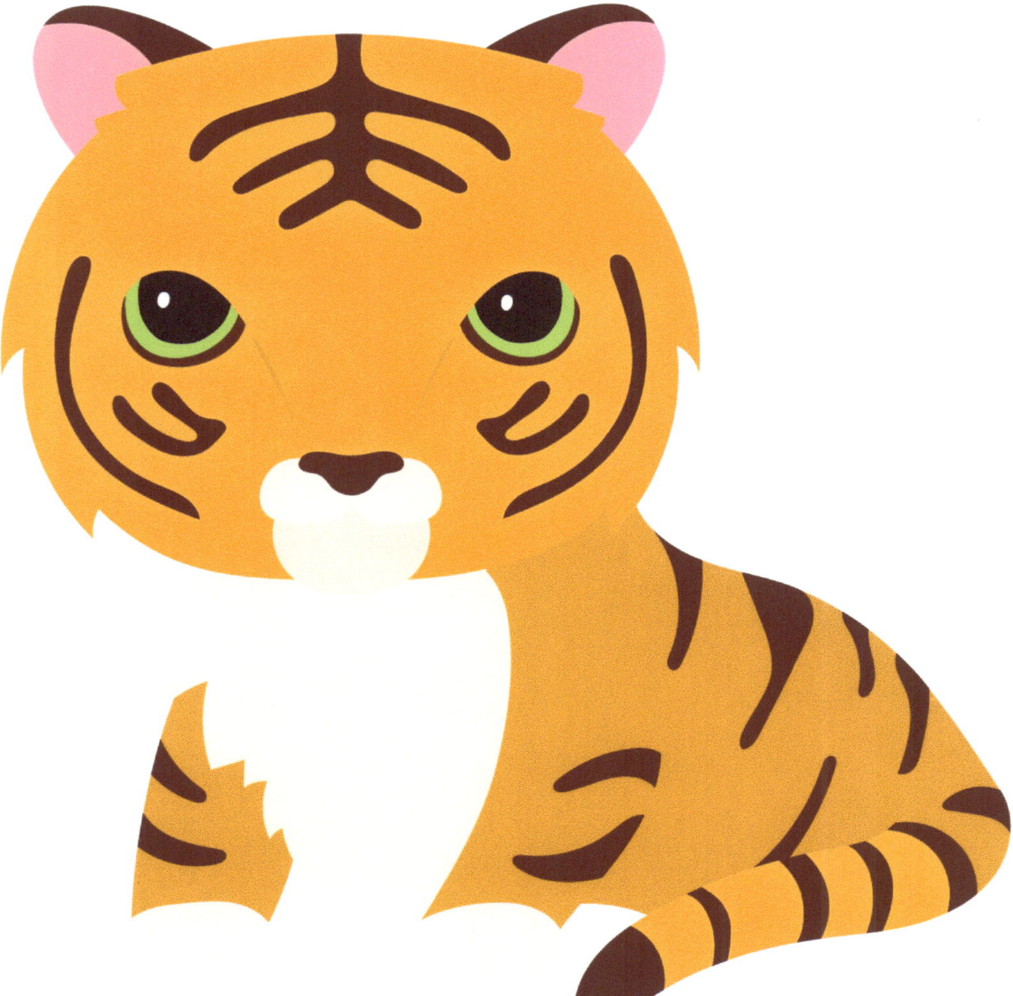

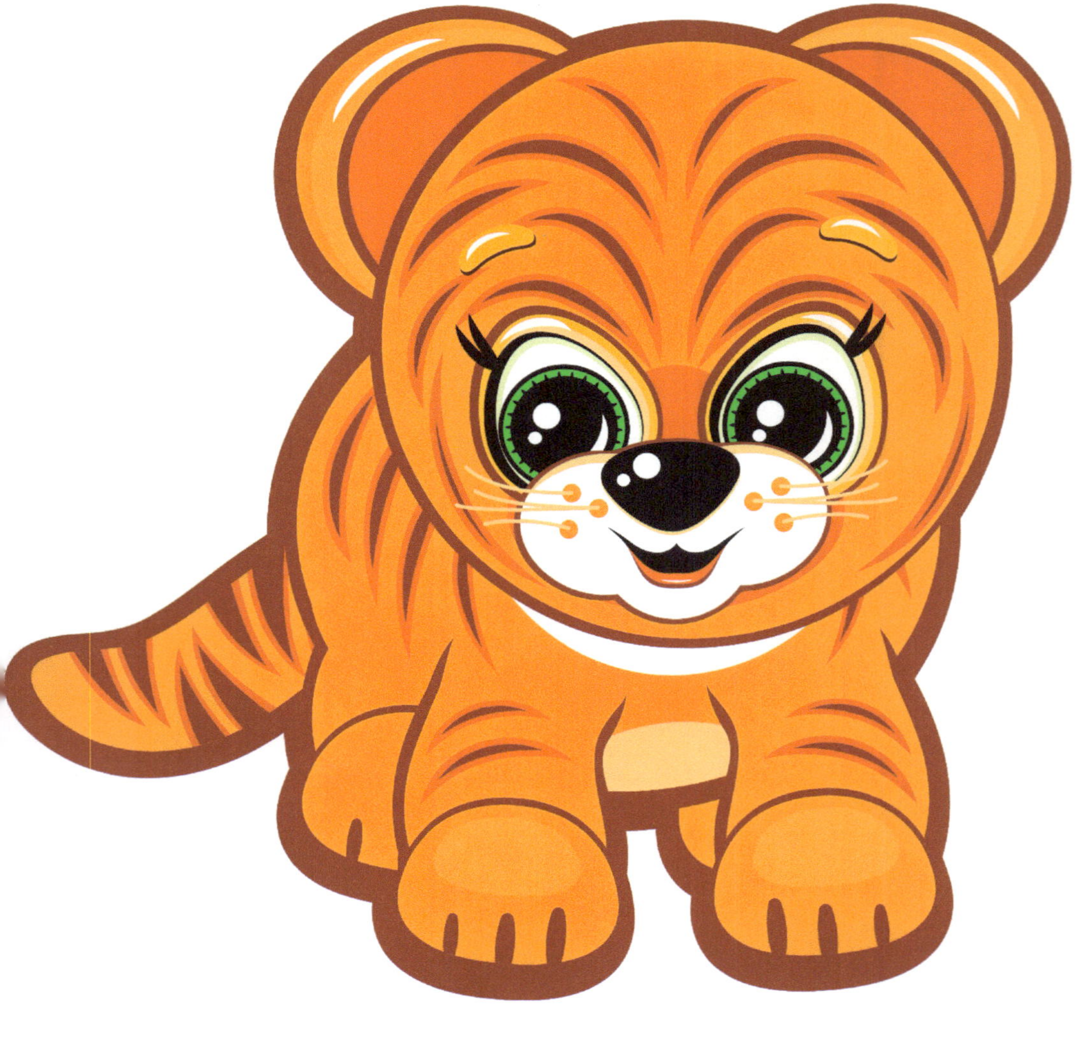

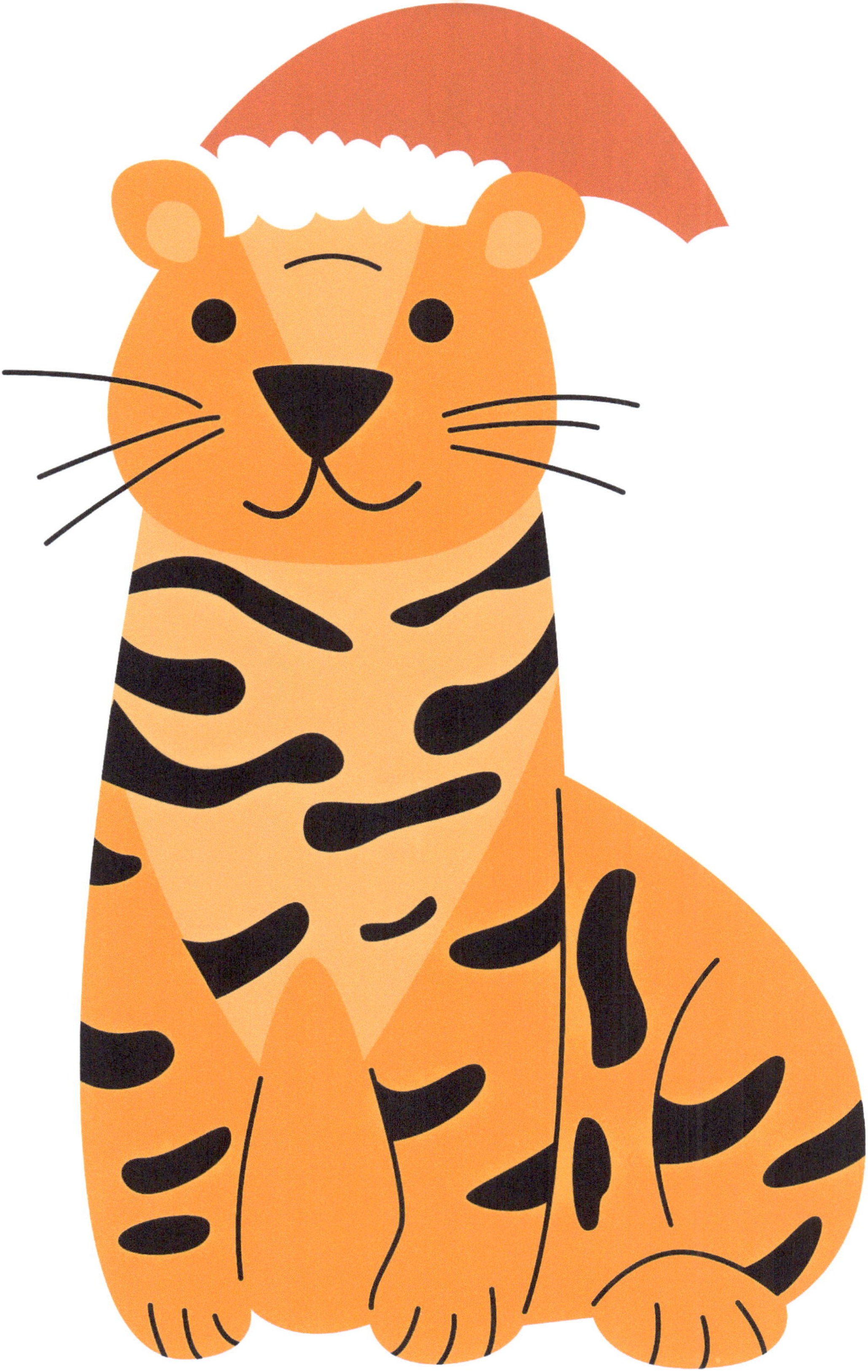

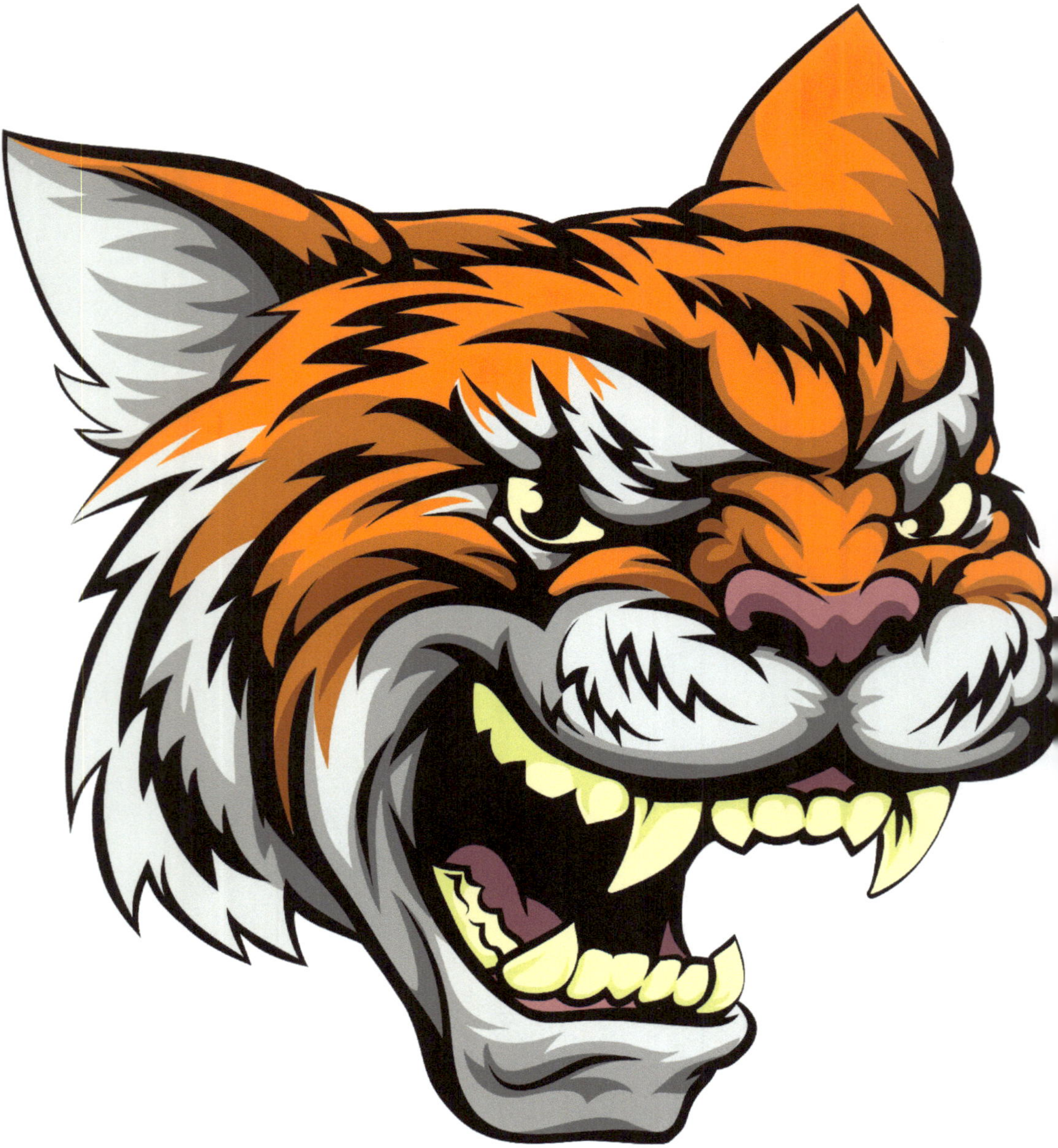

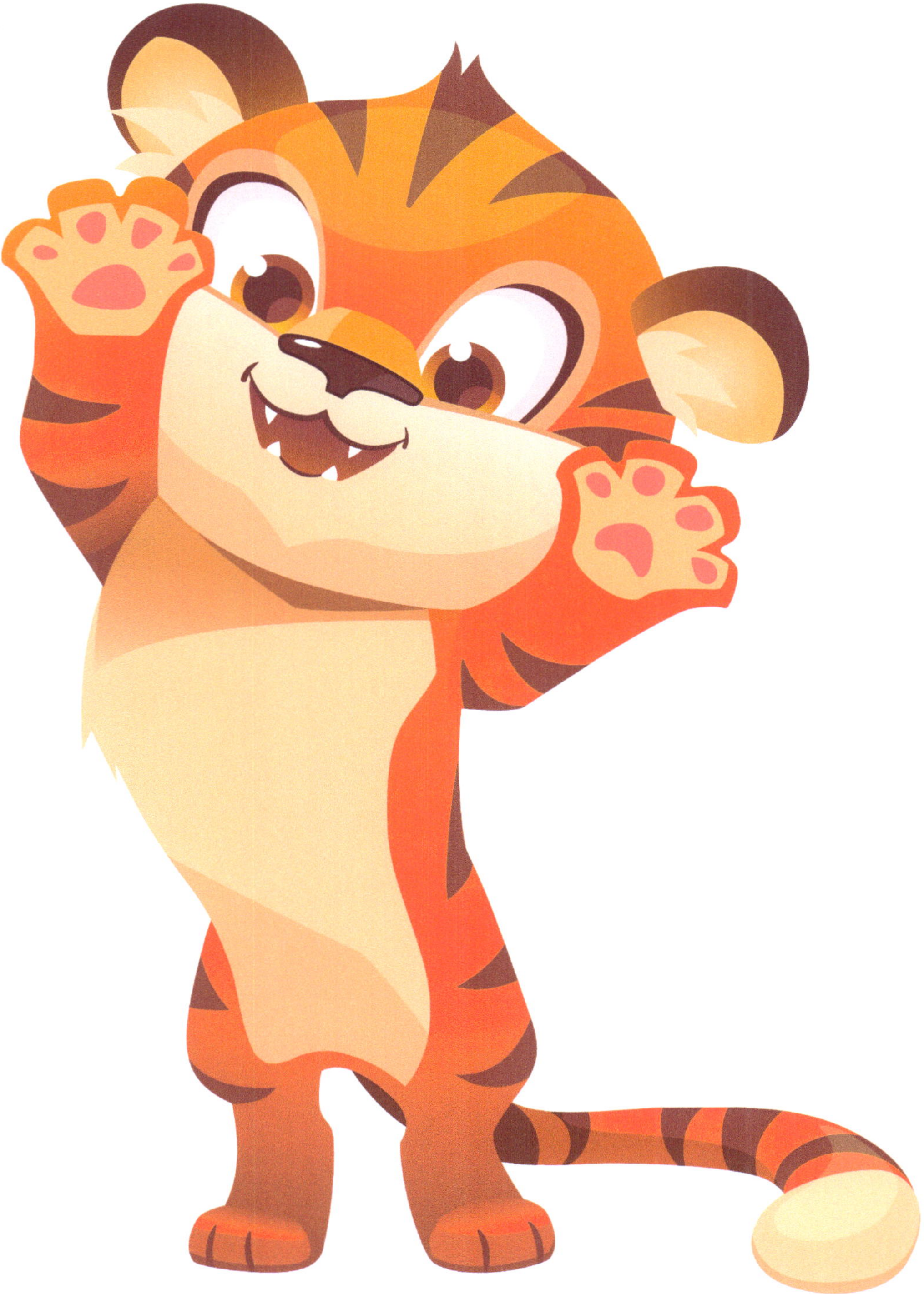

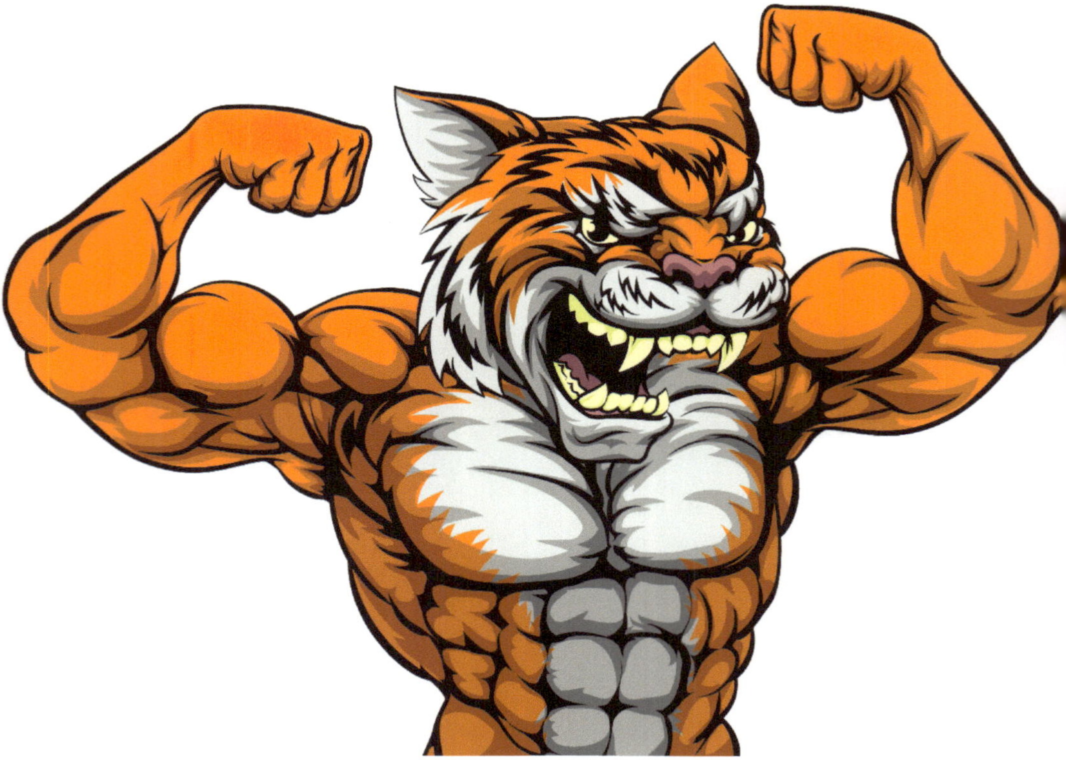

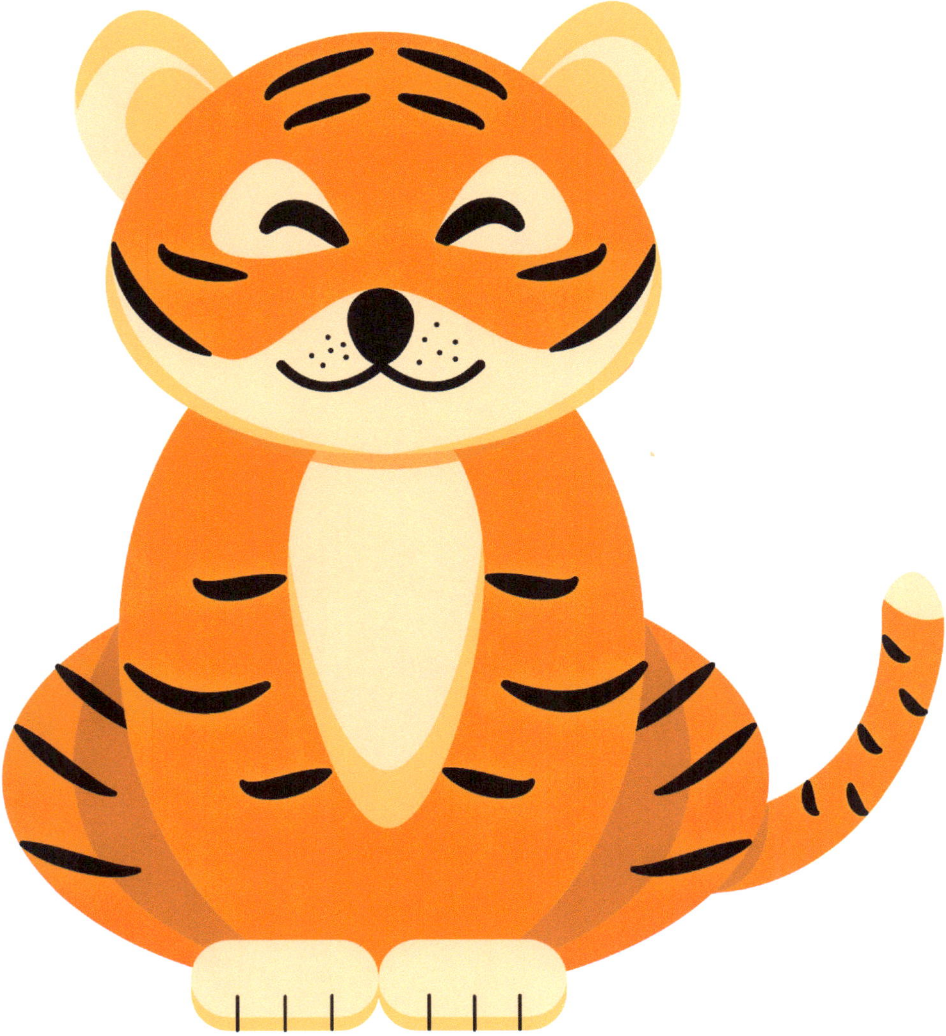

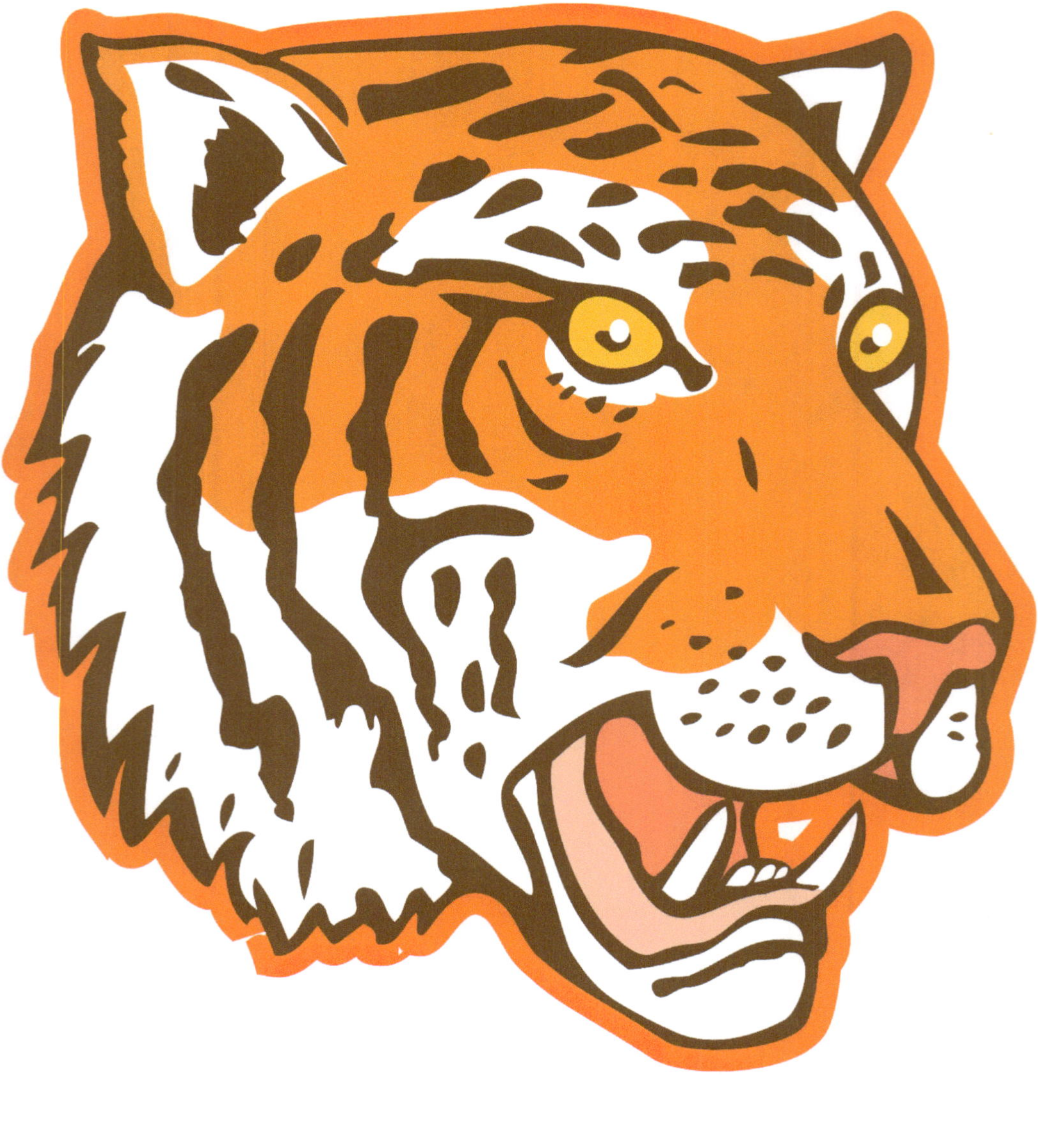

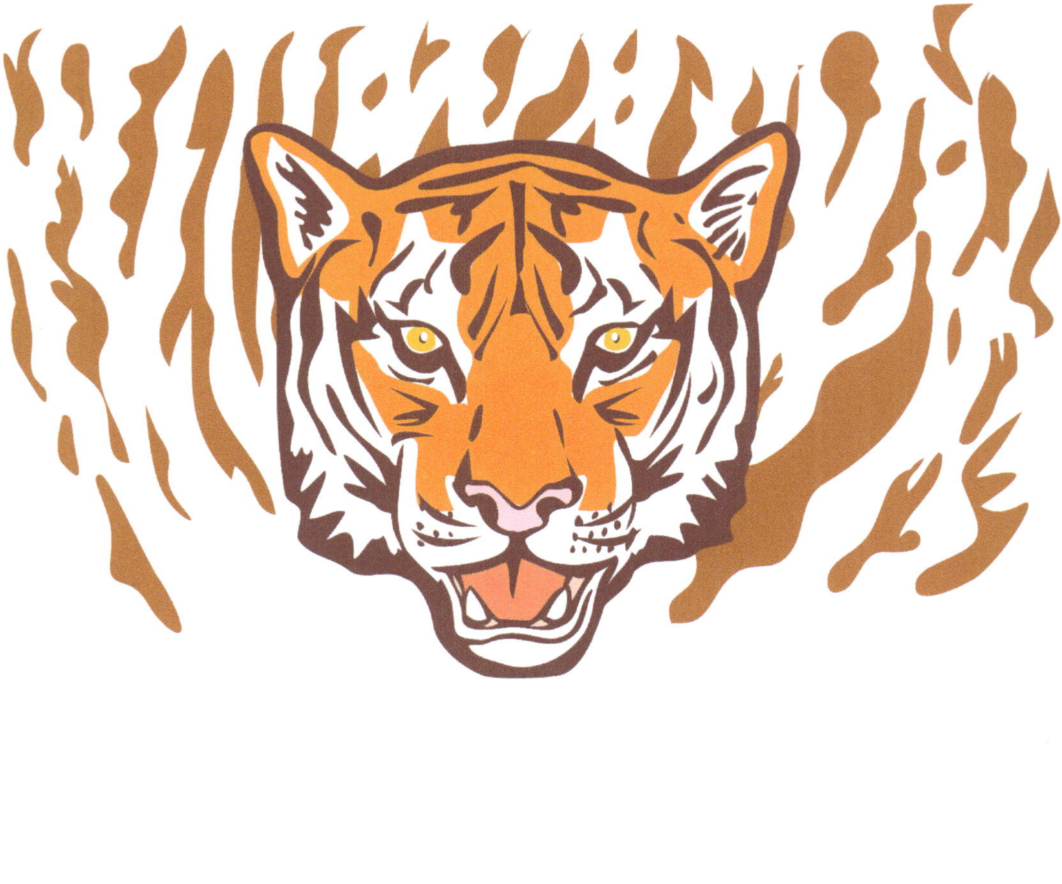

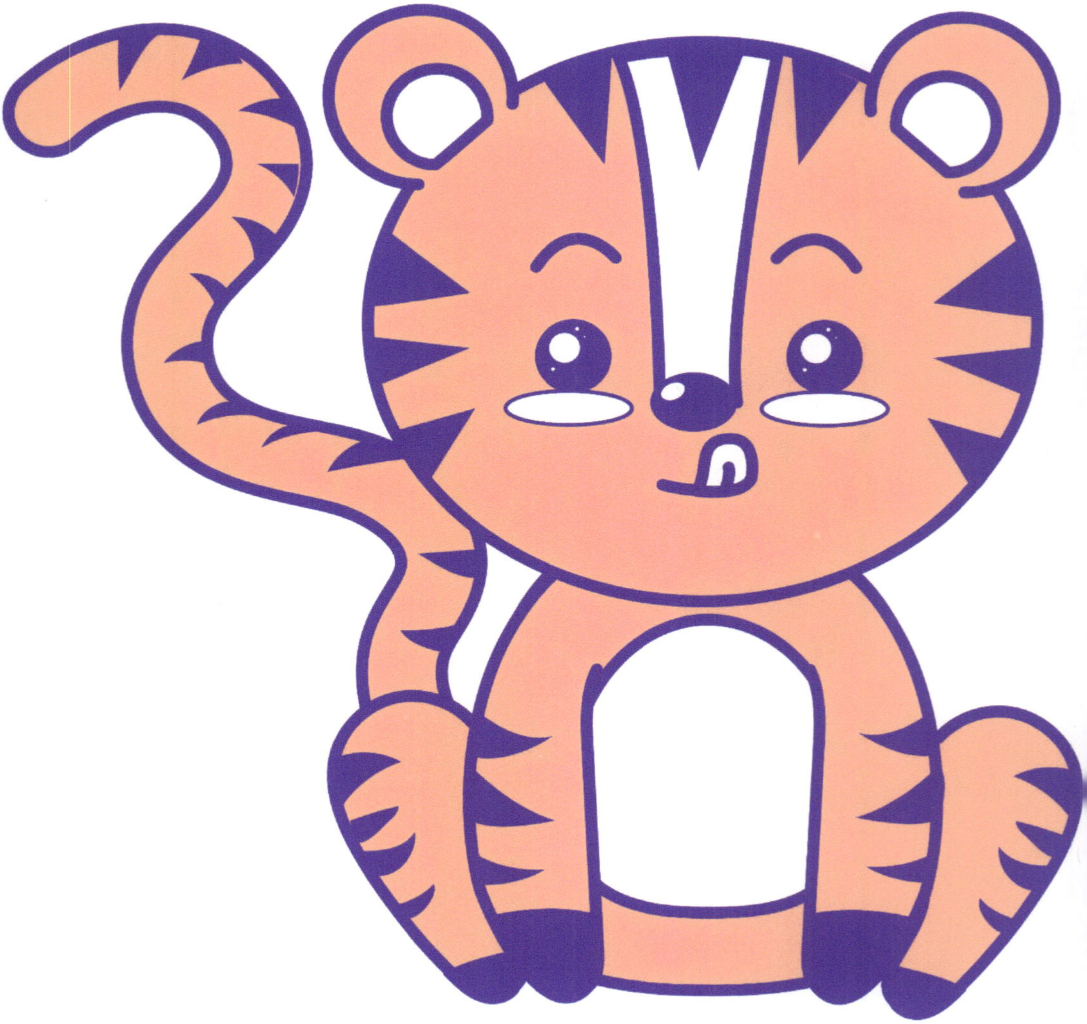

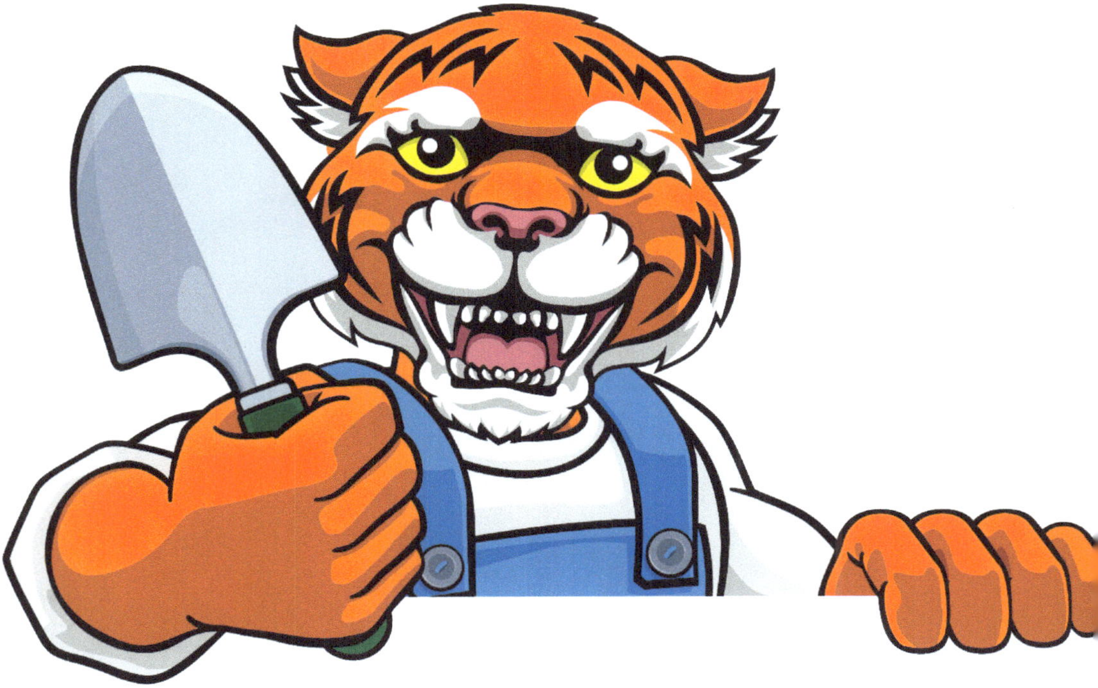

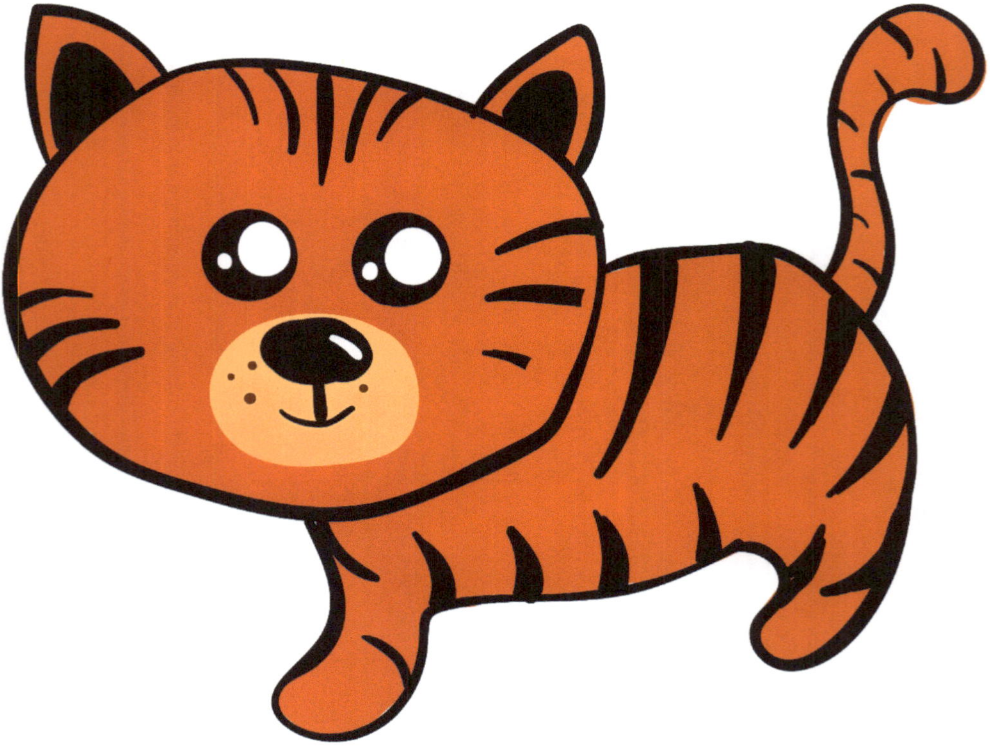

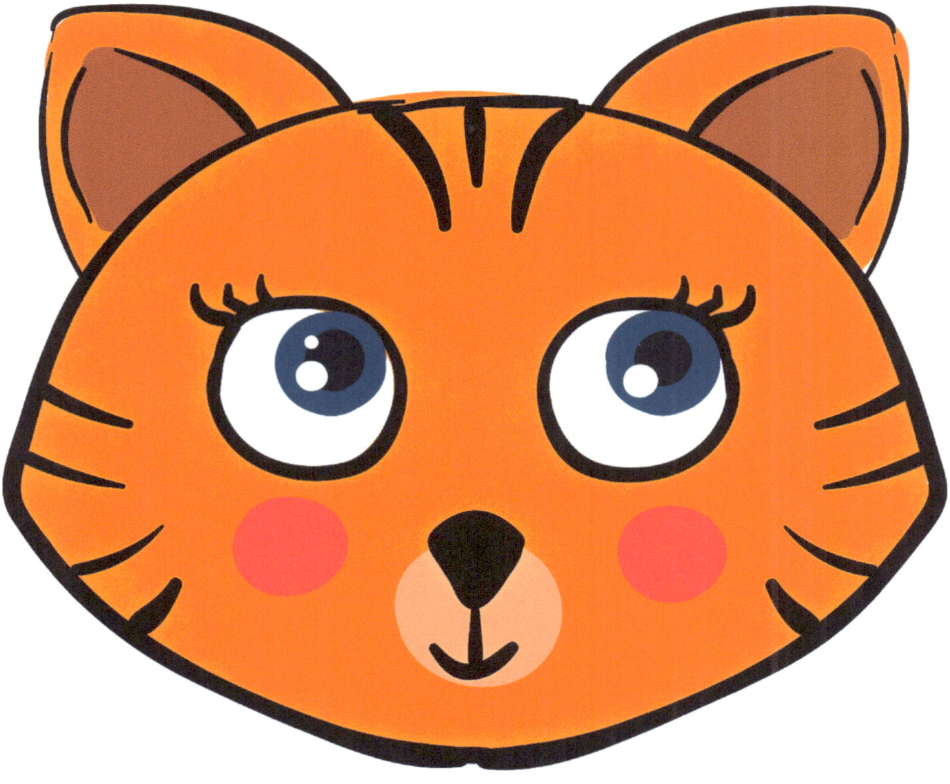

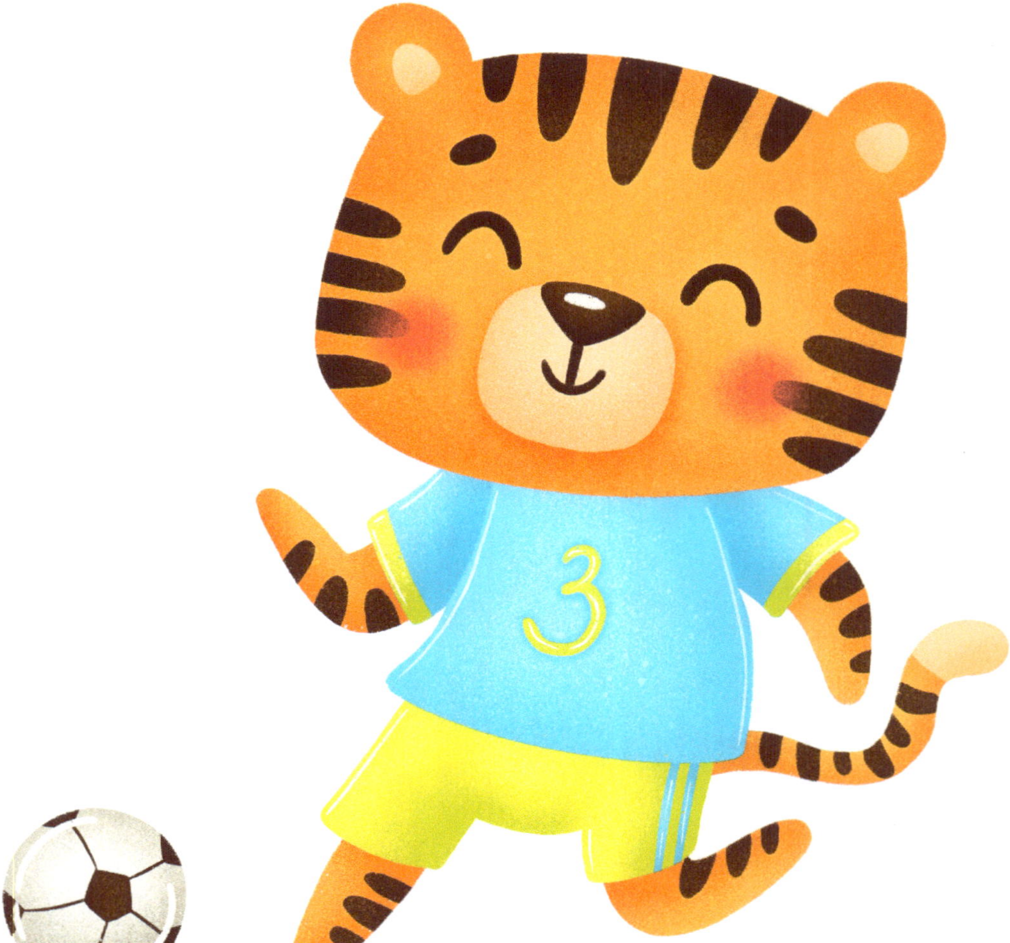
3

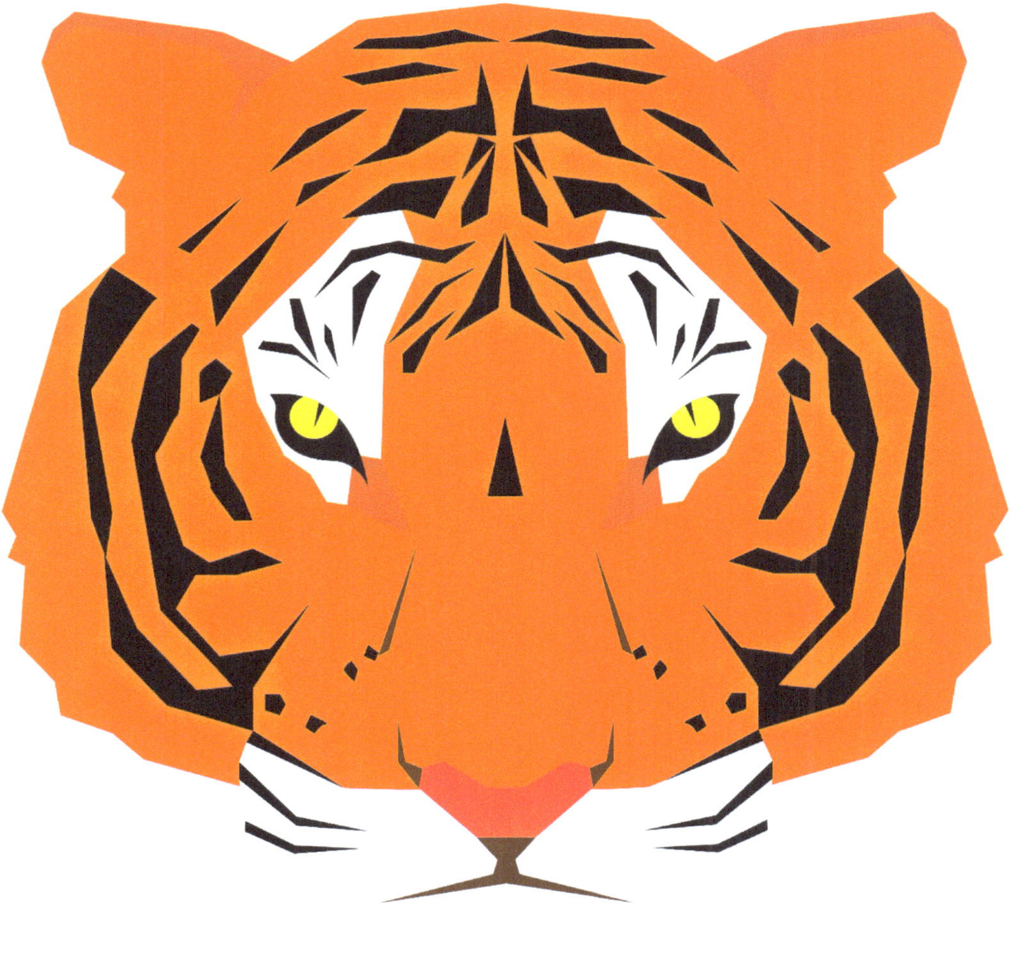

www.ingramcontent.com/pod-product-compliance
Lightning Source LLC
Chambersburg PA
CBHW040306220526
45473CB00002B/597
9798322401421